La chambre blanche

J'ai attendu longtemps avant qu'une infirmière vienne m'ouvrir la porte du département. Elle a regardé par la fenêtre et a appuyé sur le bouton électronique. Elle est repartie aussitôt. Je suis entrée tranquillement. J'avais peur. Une peur ancienne, une peur que je connaissais depuis toujours. J'ai toujours peur lorsque je vois ma mère. C'est de l'ordre du réflexe. Je me sens en danger, et c'est irrationnel. Je sais que c'est irrationnel. Je suis une adulte, je peux me défendre. Depuis qu'elle est devenue une vieillarde fragile, je pourrais la pousser, la frapper, l'empêcher de me blesser. Je sais tout cela consciemment. J'ai plus de cinquante ans et pendant quelques secondes, juste quelques secondes, il y a cette peur. Ma mère n'était pas dans sa chambre. Je l'ai cherchée dans la salle commune et sur le balcon grillagé mais elle ne s'y trouvait pas. Je suis revenue sur mes pas et j'ai interrogé un infirmier qui passait dans le corridor. Elle était aux douches, au bout du couloir. Je l'ai suivi et il m'a ouvert la porte. J'ai appelé ma mère. C'était étonnant, sur les étagères tout était identifié : serviettes, savons, crèmes. C'était comme si les fous ne savaient plus reconnaître les objets. Je n'avais pas vu ma mère depuis la mort de mon père, cela faisait presque un an. En fait, depuis ce jour de juin où on avait enterré l'urne au cimetière de l'Anse-Saint-Jean. J'étais retournée le soir même dans mon chalet au bord du lac, épuisée par ce printemps passé auprès de mon père agonisant. Ma mère était derrière le rideau et j'ai demandé si elle avait besoin d'aide. Elle a répondu non et elle est sortie quelques minutes plus tard. Je ne l'ai pas reconnue. Ce n'était pas son corps. Je savais qu'elle avait arrêté de se nourrir mais je n'avais pas imaginé à quel point quelques mois de sous-alimentation pouvaient transformer une personne. Ma mère, durant cette année, était passée de la vieillesse à ce qu'on appelle le grand âge. Ses seins pendaient sur son ventre et la peau de son corps s'étendait autour d'elle, en vagues. J'étais fascinée. Il n'y avait pas que son corps qui avait changé. Quelque chose lui manquait, quelque chose dans son regard. La rage l'avait désertée. Les yeux de ma mère étaient vides. Et j'ai su, dans cette salle de douches d'un département de psychiatrie d'un hôpital de Québec, que j'en avais fini avec la peur.

Je l'ai aidée à s'essuyer les pieds et à mettre ses pantoufles. Elle ne semble pas surprise de me voir. Comme d'habitude, elle ne demande pas de mes nouvelles, ni depuis combien de temps je suis à Québec, ni rien. Ma mère n'a pas conscience de l'existence des autres. Elle ne dit pas bonjour, elle ne se plie pas aux règles auxquelles la plupart des gens se soumettent. Elle peut entrer dans une pièce remplie de gens qu'elle n'a pas vus depuis longtemps, s'asseoir, prendre un journal et se mettre à lire. À tout moment, lors d'une conversation, elle change de sujet, il est impossible de communiquer avec elle. Je n'y fais plus attention depuis long-temps. Lorsque je suis confrontée à ma mère, j'attends. Je n'essaie plus de convaincre per-sonne que cela n'est pas normal. Enfant, je me suis épuisée à appeler au secours. L'image qui me vient est celle d'une personne en train de se noyer et qui crie à l'aide. Je n'ai pas été sauvée.

Elle me précède dans le corridor. Elle veut me montrer la salle de télévision et la cuisine. Je lui explique que j'ai déjà fait le tour des lieux. Elle ne m'écoute pas et je la suis jusqu'à la cuisine commune. Elle m'énumère les règles qu'elle doit suivre. Elle doit s'habiller, faire son lit et se rendre à la salle à manger à l'heure des repas. Elle est contente. Elle est comme une petite fille qui montre sa nouvelle école. Je l'ai rarement vue si pacifiée. Sans appartement dont elle doit s'occuper, sans cette pression du monde réel, elle est heureuse. Une petite fille au pensionnat, sans responsabilité autre que de se rendre manger à la salle commune. On est retournées à sa chambre. Sa voisine de lit était une femme au début de la quarantaine, assez jolie. Je me suis présentée. Ma mère s'est étendue sur son lit et s'est endormie tout de suite. C'était exactement comme s'il n'y avait eu personne pour lui rendre visite. Je me suis assise dans un des fauteuils et j'ai pris une des revues de vedettes qui traînaient sur le rebord de la fenêtre. La femme m'a dit, comme pour excuser ma mère : « Au début, on dort beaucoup. Une dépression, c'est épuisant. C'est dur à comprendre si on n'est pas passé par là. » J'ai souri. Elle a continué : « Hier votre mère est tombée pendant la nuit, je me suis réveillée, elle était pas mal confuse. J'ai sonné. Ils sont venus mais elle ne s'était pas blessée. Vous ne devez pas vous inquiéter, ils sont gentils avec nous. Elle a la même psychiatre que moi, assez jeune, elle est humaine. Vous allez sûrement la voir. Ils veulent toujours rencontrer les familles. » La femme était assise sur son lit et elle triait des vêtements. Elle semblait hésiter devant chaque chandail. Elle a continué : « Je sors pour trois jours, c'est la deuxième fois que j'ai une permission. Je vais passer la fin de semaine chez ma sœur. Elle va m'apporter un sac de voyage. Ici, pas le droit de garder de sac, à cause des courroies. Dans la salle de douches, les séchoirs à cheveux sont dans une armoire barrée. Ils ont peur qu'on se pende. C'est ce que Bob m'a dit, c'est l'infirmier, le vieux, il est ici aujourd'hui. Dans la cuisine, pas de couteaux, des ustensiles en plastique. » Elle s'est arrêtée de parler. J'ai continué de lire ma revue. Ma mère dormait, complètement immobile, en paix. Lorsqu'ils ont sonné pour le repas du soir, je l'ai réveillée et conduite à la cuisine. J'ai dit « À demain » et elle ne s'est pas retournée. Elle s'est assise à la table, à côté d'une grosse fille au visage magnifique, encadré par une tignasse noire qui allait dans tous les sens. La grosse fille a placé un bol de soupe devant ma mère. En sortant, juste à droite du poste des infirmières, j'ai vu Bob, le vieil infirmier, assis à côté d'une Japonaise impeccablement habillée et maquillée. Elle était complètement immobile, très droite, les deux mains posées sur ses genoux et les deux pieds dans le vide. Le lit était trop haut, elle ne touchait pas le sol. C'était la première fois que je l'apercevais et, pendant les jours où je suis allée voir ma mère, je la verrais toujours ainsi : impeccable, immobile, les cheveux coiffés en chignon parfaitement lissé, assise sur son lit, les deux pieds dans le vide.

Dans l'autobus qui me ramenait chez ma sœur, je n'arrivais pas à chasser l'image de la Japonaise. Je me demandais quelle histoire avait poussé cette femme assise les pieds dans le vide dans un département de psychiatrie. Je savais que la folie avait une histoire. Celle de ma mère en avait une. L'histoire de la folie de ma mère commençait dans un monde sauvage, un monde dont elle parlait rarement. Elle n'avait pas les mots. Elle n'avait que la violence.

L'autobus était bondé; des fonctionnaires entre deux âges rentrant chez eux. C'était le même que je prenais pour me rendre dans le petit appartement de mes parents au printemps précédent. Je l'appelais l'autobus de la résignation. Souvent, je me surprenais à envier les passagers. J'enviais leur paix, leur docilité. J'enviais leur normalité, tout ce qui m'avait été refusé. Pendant les mois où mon père a agonisé, j'ai vécu entre la maison d'une de mes sœurs à Québec et mon appartement montréalais. Durant tous ces mois, je n'ai pas pensé. Je suis certaine de cela, je n'ai pas pensé. Il y avait mon père qui allait mourir, les soins quotidiens qu'il fallait donner et ce retour dans le giron familial qui me terrorisait. Je ne pensais pas. Il n'y avait que cette attente de la mort, et la nécessité absolue de l'attendre dans la paix.

Pendant des mois, j'ai attendu la mort.

La chambre bleue

Dans le minibus pour handicapés qui nous amenait à la maison de soins palliatifs, j'ai tenu la main de mon père. Il n'a pas pleuré. Moi non plus. Nous étions soulagés de quitter le petit appartement dans lequel il vivait avec ma mère. C'était une magnifique matinée de mai et les arbres avaient ce vert très clair qu'ils n'ont qu'à cette période de l'année. Dès que nous avons emprunté l'allée de la résidence, les portes coulissantes se sont ouvertes et une femme âgée, vêtue d'une longue jupe bleue et d'une blouse de la même couleur, est sortie en souriant. Elle portait une grosse croix de bois au cou. C'est la première chose que j'ai remarquée. Elle avait les yeux de la même couleur que ses vêtements et de longs cheveux blancs qu'elle portait dénoués. Elle nous a souhaité la bienvenue et nous a escortés jusqu'à la chambre de mon père. Nous avons traversé un immense salon inondé de lumière et avons pénétré dans une grande chambre bleu clair, un bleu un peu plus foncé que les vêtements de la vieille dame. On se serait crus dans une sorte d'auberge champêtre quelque part dans les Cantons-de-l'Est ou dans Charlevoix. Le même souci du détail, la qualité des tissus, les meubles dépareillés. Il n'y avait que le lit d'hôpital et une chaise ergonomique qui nous rappelaient que nous étions dans un lieu de soins. Je tenais la valise de mon père et la dame nous a laissés nous installer, elle reviendrait un peu plus tard prendre les médicaments que nous avions apportés. J'ai défait la valise et je suis tombée sur une robe de chambre en velours épais. Je l'ai mise de côté en disant à mon père qu'elle serait trop chaude pour l'endroit. Il m'a expliqué qu'il le savait, mais il voulait la porter le jour de sa mort. Il pensait qu'il aurait l'air moins maigre ainsi vêtu. Mon père avait toujours été un bel homme et il était assez fier de son physique. Même mort, il voulait paraître à son avantage. Je me souviens que nous avons ri.

Mes sœurs et ma mère nous suivaient en

voiture, mais, à cause des travaux sur le chemin, elles ont un peu erré dans le quartier. J'ai eu le temps de ranger tous les vêtements de mon père et d'admirer avec lui l'immense terrasse blanche sur laquelle donnait sa chambre. Une grosse femme habillée en homme transportait des fleurs dans une brouette. Un peu plus loin sur la gauche, un vieillard pleurait, les deux mains dans le visage. J'ai vu un homme venir déposer discrètement une boîte de kleenex sur le coin de la table. Je ne sais pas combien de personnes j'ai vu pleurer sur cette terrasse. Une ou deux fois, pendant la nuit, j'ai entendu des cris.

J'ai passé une grande partie de la journée assise avec mes sœurs dans le grand salon. Ma mère et mon père rencontraient le médecin et les infirmières qui allaient s'occuper de lui. Puis, ma mère est sortie et elle a dit qu'elle devait rentrer parce que sa sœur allait arriver du Saguenay. J'étais avec mon père, dans leur appartement, lorsqu'il avait appelé ma tante Colette. Ma mère était allée faire une sieste et dès qu'il a été certain qu'elle dormait, j'ai dû lui apporter le téléphone et ses lunettes. Je faisais la vaisselle, mais j'ai entendu sa conversation. Il voulait qu'elle reste avec ma mère jusqu'à temps qu'il meure. Il lui a demandé si elle pouvait lui rendre ce service. La maison de soins palliatifs venait d'appeler, il rentrait dans quelques jours, ce ne serait sans doute pas très long. Ensuite, il a réclamé sa pilule. Depuis quelques jours, on lui administrait de la morphine. Juste avant de prendre le comprimé, il m'a dit : « Pas un mot à ta mère. » Mon père m'avait répété cette phrase pendant des années, convaincu que le silence nous épargnerait les crises de ma mère. Il s'est endormi presque tout de suite.

J'appelais ces heures où mon père et ma mère faisaient la sieste en après-midi, les heures creuses. Il n'y avait pas de visiteurs. Mon père dormait dans le salon du petit appartement qui avait l'air d'un dépôt de matériel pour handicapés. La chaise roulante et la marchette étaient pliées contre le mur, et le lit d'hôpital occupait tout l'espace. J'aimais ces heures creuses. J'en profitais souvent pour pleurer. Je savais que je ne pleurais pas sur la mort de mon père, je pleurais parce que j'avais l'impression d'être arrachée à ma vie et le contact quotidien avec ma mère me ramenait en arrière. Le monde que j'habitais était un monde de mots. Il y avait longtemps que j'avais émigré de ma famille et c'était exactement comme immigrer dans un autre pays. J'étais devenue une étrangère. J'avais passé des années à parler de la folie de ma mère dans des petites pièces où on prenait soin de tamiser la lumière. Je parlais de cette folie sans jamais la cerner totalement, mais plus j'en parlais et plus elle sortait de moi. Elle sortait de toutes les façons, par mon corps, par ma jouissance avec les hommes que j'aimais, par mes livres, par les cours que je donnais à mes étudiants. Mon père, lui, avait choisi le silence contre la folie de ma mère. En écrivant ce livre, assise dans la cuisine du chalet du lac, je réentends sa voix : « Pas un mot à ta mère. » Lui et moi n'étions pas du même camp.

Ce premier jour, lorsque ma mère est revenue nous chercher dans le grand salon, mes sœurs et moi, nous sommes retournées dire au revoir à mon père. Il m'a pris la main et m'a dit : « Toi, tu restes. » Je n'avais pas de chemise de nuit, ni de trousse de toilette, ni rien. Ma sœur Josée a dit qu'elle me les enverrait par mon frère qui devait venir en soirée. Mon père n'a jamais dormi seul dans cette maison.

Il n'eut que cette exigence.

La chambre blanche

Le médecin a dit à ma mère qu'elle devait marcher, sinon son état physique allait se détériorer. Nous arpentions le corridor pendant de longues minutes. La Japonaise était toujours assise, toujours aussi bien mise, son lit fait à la perfection. Ses deux pieds pendaient dans le vide et elle regardait droit devant elle. Ma mère pense qu'elle ne parle pas français. Lorsque les patients prennent leur repas, elle ne dit pas un mot. C'est pas pareil comme l'autre, la fêlée de la Côte-Nord, la grosse au beau visage, elle, tu l'entends d'un bout à l'autre du corridor. Selon ma mère, cela fait plus de six ans qu'elle est enfermée dans cet hôpital : « Une vraie folle, c'est pas drôle pour sa famille. » Je ne crois pas à l'histoire de ma mère, on ne peut pas enfermer quelqu'un six ans dans un hôpital, ça ne tient pas debout. La folle de la Côte-

Nord nous croise dans le corridor, ma mère lui fait pitié. Elle me le dit, elle ne comprend pas ce qu'on lui a fait. Je lui réponds que mon père est mort et que c'est difficile pour elle. Dès qu'elle est derrière moi, je l'entends distinctement dire : « Maudite hypocrite, dans les familles, y sont tous pareils, tous des maudits menteurs. » La folle de la Côte-Nord a raison mais elle se trompe de famille, ce n'est pas celle que ma mère a formée qui l'a menée là, mais l'autre, celle de la petite maison en bardeaux. Lorsque nous revenons à sa chambre, ma mère se recouche tout de suite et s'endort. Je reprends ma lecture. Je me plonge dans la vie des stars d'Hollywood. Une femme en tailleur foncé entre dans la chambre et s'approche du lit de ma mère. C'est la psychiatre. Elle est jeune, plus jeune que moi. Je pense : trop jeune. Elle me demande si ma mère dort depuis longtemps, je dis une demi-heure, peut-être un peu plus. Je précise : « Elle dort beaucoup. » La psychiatre m'explique que c'est normal, au début ils les font dormir. Cela fait partie du traitement. Elle prend la main de ma mère. Elle se réveille, elle lui demande si elle veut venir maintenant ou si elle est trop fatiguée. Ma mère veut y aller. Je reprends ma lecture. Ma mère se tourne vers moi et me dit : « Viens. » Je refuse. Elle insiste. Je réponds qu'il s'agit de son traitement. La psychiatre me suggère de venir, que c'est ma mère qui y tient, qu'elle est en mesure de décider. Je les suis.

Nous entrons dans une pièce aux lumières tamisées. La psychiatre mène l'entretien avec ma mère, cela n'a rien à voir avec une séance de psychothérapie. Elle lui demande si elle a encore des idées noires. C'est là que j'apprends que ma mère a menacé de se suicider. L'infirmière de la maison de retraite s'est inquiétée et a appelé l'ambulance. Ma mère a été vue en urgence psychiatrique et le médecin a décidé de l'hospitaliser. Ma mère dit qu'elle va mieux, qu'elle va déménager au cours de l'été et qu'elle retourne au Saguenay. La femme qui parle avec la psychiatre n'est pas ma mère. Ce ton posé, cette soumission, cette absence de violence. Je suis étonnée. Je n'arrive pas à croire que ce sont les médicaments. Je la connais, elle joue. Elle ne voulait plus vivre dans la résidence où elle était. Si elle avait pu, si elle avait eu assez d'argent, elle serait partie sur-le-champ. Elle me l'a dit hier, et pour un instant, j'ai vu une lueur de violence dans ses yeux. Le discours qu'elle tient à la psychiatre me fascine. Elle se sent en sécurité à l'hôpital, lorsqu'elle pense qu'elle devra retourner à son appartement, elle sent l'angoisse monter et les idées noires lui reviennent. La médecin la rassure, on n'en est pas encore là, elle va rester hospitalisée le temps qu'il faut.

L'entretien avec ma mère est terminé. Je m'apprête à me lever. La psychiatre se retourne et me demande ce que j'en pense. Et là, dans ce bureau, je retrouve les mots, les mots qui ont construit la distance entre ma mère et moi, les mots qui m'ont permis de ne pas me perdre. Ils sont naturels, dénués de haine et, à mon étonnement, compatissants. Je dis que ma mère a des problèmes de santé mentale depuis toujours. Je crois que cela n'a jamais été vraiment diagnostiqué. Elle a passé une partie de sa vie sur les valiums et l'autre sur les antidépresseurs. Je pense que notre système familial s'est construit autour de la négation de cette folie, que d'une certaine façon il a réussi à la contenir mais que la mort de mon père a fait tout éclater. J'ajoute : « C'était à prévoir. » Je me tais, parce qu'il faudrait remonter à la maison en bardeaux et que cela prendrait du temps, qu'il faudrait parler du chien borgne et que… Tout cela me vient en tête et je retiens les mots, mais je les connais, ils vont revenir, s'imposer. Je ne sais pas quand, ni comment, mais je sais qu'ils vont revenir.

 La psychiatre se retourne vers ma mère et lui demande ce qu'elle pense de ce que je viens de dire. La réponse de ma mère est fabuleuse, à la grandeur de son intelligence. Pour un peu, je l'aurais félicitée. Elle dit : « Ma fille, elle est bien trop instruite pour moi, il y a longtemps que je ne comprends pas lorsqu'elle parle. » Je souris à la psychiatre, elle me rend le sourire. J'aide ma mère à se lever.

La chambre bleue

La première nuit que j'ai passée au chevet de mon père dans la maison de soins palliatifs, je me suis demandé si j'allais dormir. Il y avait peut-être des centaines de personnes qui étaient mortes dans cette chambre. Est-ce que la nuit, on sentait leur présence ? Je ne sais qu'une chose de la mort, c'est que chaque fois que je l'ai côtoyée de près j'ai eu des idées irrationnelles. Je savais que c'étaient des idées irrationnelles mais elles s'imposaient. Une fois, j'avais eu peur que le mort me téléphone. L'idée ne m'avait pas quittée pendant des semaines. Vers neuf heures, lorsque mon frère est parti, j'ai préparé mon lit. La chambre était munie d'un lit pliant pour accommoder les familles. C'était un ancien modèle, pareil à celui que ma grand-mère paternelle possédait et que mon oncle déployait dans la cuisine lorsqu'il revenait du chantier la fin de semaine.

J'ai bordé mon père et relevé les côtés du lit. Je ne voulais pas qu'il puisse se lever pendant la nuit. À deux reprises, dans son appartement, il s'était levé et, oubliant qu'il était devenu incapable de marcher, s'était effondré dans le salon. J'ai appris le lendemain qu'on ne pouvait pas relever les barreaux parce que c'était considéré comme de la contention et, dans cette maison, ce n'était pas une pratique acceptable. Je me suis approchée de lui et il m'a dit comme cela, une phrase qui semblait ne venir de nulle part. C'était la première fois que cela se produisait. Je ne savais pas qu'au fil des jours que je passerais avec lui dans cette chambre, j'allais rencontrer mon père. J'allais rencontrer un homme que je croyais connaître mais dont j'ignorais tout. Malgré le flot de mots déversés dans des pièces aux lumières tamisées, il ne m'était jamais venu à l'esprit que la folie de ma mère avait pris toute la place. J'étais trop prise par ma propre survie. Mon père m'a dit : « Tu sais, quand on a déménagé dans le rang 6, pendant un an, je me suis caché derrière la grange pour pleurer. » Je me suis rapprochée de lui. Il a continué : « À Jonquière, pour un petit gars, c'était une belle vie. » Je lui ai pris la main. La grande main noueuse et rêche de mon père, une main à la peau un peu plus foncée que le reste de son corps. Il disait que l'huile à moteur et le froid les avaient tachées à jamais. Pendant des jours, cette main se refermerait sur la mienne. Maintenant, lorsque j'y pense, je peux en sentir tous les contours. C'est un souvenir physique, immuable.

J'ai mis du temps à m'endormir, mais pas à cause des esprits hantant la chambre mortuaire de mon père. Je n'arrêtais pas de penser au petit garçon de treize ans qui pleurait derrière la grange. En 43, en pleine guerre, la famille de mon père a déménagé dans un rang au nord du Saguenay, le même que celui où habitait ma mère. La vie en ville était devenue impossible, mon grand-père n'arrivait plus à nourrir sa famille.

Je connais l'endroit, la maison, mais je n'y suis jamais entrée. Lorsque nous allions chez le frère de ma mère, celui qui a hérité de la maison en bardeaux, il y avait longtemps que la famille de mon père avait quitté le rang. Les lieux étaient mal entretenus et je crois même qu'une partie de la grange s'était écroulée. Enfant, je ne connaissais de cette maison que l'histoire des deux chats blancs de ma grand-mère Fernande. Je possède une photo de ces chats. Mon père me l'avait remise avec d'autres clichés noir et blanc et des lettres à la mort de celle-ci. Selon lui, ce n'était pas des chats normaux. Il disait que ces chats parlaient avec ma grand-mère et ne se laissaient approcher par personne d'autre qu'elle. Petite, je croyais dur comme fer aux chats parlants. Sur la photo, on dirait des chats de faïence.

Beaucoup plus tard, j'ai appris l'histoire du pendu. Il n'y avait pas longtemps que mon père vivait dans le rang, peut-être quelques mois. La petite voisine de neuf ans est arrivée un matin, nu-pieds en plein mois d'octobre et elle a dit que monsieur Joseph devait venir tout de suite. Mon grand-père a dit à mon père de l'accompagner. Ce n'était pas la première fois que mon grand-père devait aller chez le voisin. Celui-ci était violent et menaçait constamment de tuer tout le monde. Mon père a cru que c'était comme les autres fois et que son père arriverait à le calmer et à lui enlever le fusil. Lorsqu'ils sont entrés dans la maison, tout était silencieux. Sa femme a dit qu'il était dans la grange et trop lourd pour elle. Elle n'arrivait pas à le décrocher. Le voisin s'était pendu. Mon père lui a tenu les pieds pendant que mon grand-père le détachait. Mon père a répété plusieurs fois qu'il avait complètement oublié cette histoire. Cela lui était revenu des années plus tard en passant devant la maison, comme ça, pour rien, et que ça lui avait donné envie de fumer, lui qui avait arrêté depuis des années.

J'ai fini par m'endormir. Je me suis réveillée à quelques reprises lorsque l'infirmier entrait dans la chambre. Il passait quelques secondes près du lit de mon père. J'ai compris qu'il s'assurait que les malades étaient encore vivants. La nuit, dans une maison de soins palliatifs, est très tranquille, on n'entend que les pas feutrés du personnel dans le corridor. C'est mon père qui m'a réveillée, il voulait un café. Il m'a dit de me lever, sa voix était encore forte et joyeuse, il a ajouté en riant que je n'allais quand même pas passer ma journée couchée. Adolescente, mon père adorait me réveiller le matin, surtout quand j'étais rentrée tard la veille. Je me suis étirée et je lui ai dit qu'il exagérait. Je me suis levée, j'ai enfilé ma robe de chambre, et je suis sortie dans le corridor. Au même moment, j'ai senti une main sur mon épaule, je me suis retournée et j'ai vu une femme très grande avec un visage magnifique qui m'a demandé de rester dans la chambre quelques minutes : elle devait passer avec un patient. Je n'ai pas compris tout de suite. Puis je l'ai vue pousser un lit, suivie de deux femmes, une jeune et une vieille. C'était une sorte de procession. Dans le lit, le corps à moitié relevé et un bouquet de fleurs naturelles dans les mains, gisait un homme très maigre. Il ne devait pas avoir plus de quarante ans.

C'était mon premier mort dans cette maison.

La chambre blanche

La grosse fille au beau visage marche de long en large dans le corridor. Ma mère m'explique qu'elle est agitée depuis hier. Bob lui a dit au déjeuner qu'elle devait se calmer, sinon elle allait monter d'étage. Je ne comprends pas tout de suite. Selon ma mère, les vrais fous sont un étage plus haut. Lorsqu'ils commencent à aller mieux, ils descendent d'un étage et ils peuvent avoir des permissions de sortie. En haut, ils sont confinés à leur chambre. La grosse fille parle fort et je ne peux pas m'empêcher d'écouter. Elle dit qu'elle souffre depuis des années à cause de son genou et il n'y a qu'un seul endroit au monde où on pourrait l'opérer et c'est dans une clinique privée d'Hollywood. Elle pourrait prendre l'hélicoptère qui se pose sur l'hôpital et être transférée. J'entends une infirmière lui expliquer qu'ils la feront voir par le meilleur orthopédiste de l'hôpital. Elle doit se calmer avant que sa visite arrive de Sept-Îles.

Dans l'autobus, en chemin vers l'hôpital pour rendre visite à ma mère, une impression de déjà-vu : le même trajet, les mêmes fonctionnaires, la même résignation. Je ne pouvais pas m'empêcher de penser à l'agonie de mon père. Le printemps de la mort de mon père avait été un printemps fabuleux. Dès le début de juin, nous avions commencé à manger dehors le soir. Je me rappelais aussi avoir été soulagée lorsque mon père avait décidé de demander à être admis aux soins palliatifs. Je ne suis pas certaine que j'aurais pu tenir le coup dans le petit appartement entre l'angoisse de ma mère et l'agressivité de ma sœur californienne. Je suis convaincue que mon père a réalisé que cela deviendrait intenable. Le soir, lorsque je rentrais de la Haute-Ville à Limoilou, j'écoutais, en boucle sur mon iPod, l'album live de Simon and Garfunkel enregistré à Central Park. Pendant des semaines, je n'ai pu supporter que cette musique.

Je passe de longues heures à regarder ma mère dormir et, dès qu'elle s'éveille, nous marchons dans le corridor. La plupart du temps nous gardons le silence. Depuis la parution de mon dernier livre, elle a abdiqué en ce qui me concerne : plus de morale, plus de paroles blessantes, plus de tentatives de me ridiculiser, non, juste un résidu de haine sourde. Elle avait lu le livre en cachette, ne m'en a jamais reparlé. Je ne sais pas si elle s'est reconnue dans cette femme en colère. Maintenant, elle est trop vieille et trop épuisée pour haïr avec intensité. D'ailleurs ce qu'elle haïssait, c'était ce que son corps lui avait fait, ce que son corps qui était hors de son contrôle lui avait fait subir. Elle avait donné naissance à cette chose. Les premiers temps, elle avait plus ou moins décidé de détruire cette chose. Lorsque mon père était revenu du bois après deux semaines d'absence, il avait trouvé une enfant squelettique dans le berceau. Il avait enveloppé l'enfant et était parti chez le médecin, seul. Il n'avait pas pris le temps de se changer. Évidemment, ce n'est pas ce que raconte l'histoire officielle, l'histoire qui cache ce que ces deux femmes, elle et sa mère, l'une aussi folle que l'autre, avaient décidé. Cette enfant ne devait pas être trop nourrie, elle digérait mal et c'est pour cela qu'elle pleurait jour et nuit, non il ne fallait pas trop lui donner à manger. L'histoire officielle parle d'une enfant difficile, de grosses pilules blanches très chères qui coûtaient une semaine de salaire. L'histoire officielle ne raconte jamais que quelques jours plus tard, sur les conseils du médecin, nous avons déménagé. Mes parents avaient vécu jusque-là chez mes grands-parents.

Je suis restée à jamais l'enfant difficile.

Dans les pièces aux lumières tamisées, au fil des ans, j'ai reconstruit mon histoire, la vraie, pas celle inventée par ma mère. J'étais difficile, elle n'avait pas le choix, elle devait me mater. Je me souviens des mots qui venaient au début, j'avais l'impression qu'ils ne me concernaient pas. Je passais la plupart des séances à revenir dans la maison en bardeaux où ma mère était née. Elle était construite sur le haut d'une colline. Enfant, j'avais peur d'y dormir. J'avais peur qu'elle tombe dans le vide. Et il y avait cette odeur de lait suri qui me levait le cœur. Dans les pièces aux lumières tamisées, il y avait cette maison, les cris des frères de ma mère, les crises, et la peine de ma mère. Il y a eu aussi l'histoire des enfants morts, les frères et les sœurs de ma mère. Ils mourraient peu de temps après leur naissance. On ignore pourquoi. Je crois qu'il y en a eu six, je ne suis pas certaine. Ils vivaient quelques mois et ils mouraient. Ma mère m'a dit un jour : « Parfois on avait le temps de s'attacher. » J'ignore où ces enfants sont enterrés, j'ignore leurs noms. J'ignore si ma grand-mère avait déjà cette hantise de trop nourrir. Elle souffrira au cours des années de crises d'anorexie qui l'obligeront à être hospitalisée et à être gavée. Adolescente, je la détestais. Ma mère l'adorait. C'était un amour passionnel. Ma mère souffrait sans cesse, elle souffrait de cet amour. Elle s'est occupée d'elle pendant des années. À la fin de sa vie, ma grand-mère devait se déplacer en chaise roulante. Elle avait quatre-vingt-treize ans. Dans sa folie, ma mère trouvait cela injuste. Comment sa mère pouvait être malade ainsi ? C'était inacceptable. Je me souviens des propos de ma mère. Je me souviens du ton. Je me souviens de la révolte que je ressentais. Sa mère était vieille, j'aurais crié : « Vieille. Les vieux sont malades et meurent. Il n'y a que les fous qui ne se rendent pas compte de cela. »

Dans la voix de ma mère, lorsqu'elle rentrait épuisée, il y avait toute la désespérance du monde. Je n'ai pas assisté à l'agonie de ma grand-mère. Je sais qu'il y a eu des cris, des accusations de meurtre faites au médecin traitant. Une de mes cousines, membre d'une secte religieuse, s'est présentée avec ses amis. Ils étaient quatre ou cinq inconnus, postés devant l'entrée de la maison de retraite, venus en renfort pour empêcher l'assassinat de ma grand-mère. Au téléphone, j'avais dit à mon père : « Plus on est de fous, plus on rit. » Je me souviens qu'il avait ri et évidemment ajouté : « Pas un mot à ta mère. » Ma mère m'a remis des photos de ma grand-mère dans sa tombe et celles du cortège funèbre. Je n'ai pas compris pourquoi. Je ne les ai pas jetées non plus. Elles sont dans la valise des morts, une valise que je garde et où je mets ce qu'il me reste de mes morts.

Dans cette chambre blanche, je sais que la maison en bardeaux a fini par gagner. Cette maison abrite une petite fille terrée derrière le poêle à bois, elle est assez menue pour s'y glisser et les coups de son père ne peuvent pas l'atteindre. Même avec le manche à balai, il ne peut pas l'atteindre. Il finit par se lasser et il retourne se bercer dans sa chaise en marmonnant. Souvent, il reprend des phrases de la Bible, des phrases que son propre père lui répétait. L'histoire des vaches maigres et des vaches grasses, l'histoire de Sodome et Gomorrhe : le sexe et la perdition, et cela se mêle encore à l'histoire de son père, enfermé à Saint-Michel-Archange. Une vengeance divine, il en est certain. Dieu parle à travers lui. C'est ce que croit la petite fille terrée derrière le poêle. Cet homme qui la bat et qui la fait monter dans le haut de la maison lorsqu'ils ont des visiteurs parce qu'il a honte d'elle, parce qu'une fois sortie de derrière le poêle, elle est impossible à contrôler et raconte n'importe quoi. Cet homme a raison, elle est folle et mauvaise. Cet homme a fait de ma mère une vieille femme affolée.

Je regarde ma mère dormir. Je me dis qu'il serait plus simple d'adhérer à l'histoire officielle, et c'est ce que je fais. Dans ma famille, j'acquiesce. Ma mère est âgée, elle vient de perdre son conjoint. Ça arrive presque tout le temps. Certains vieillards ne s'en remettent jamais et meurent dans les mois ou même les jours qui suivent. Fin. Pas de maison en bardeaux sur la colline, pas de chien borgne revenu d'entre les morts pour se venger. Pas d'angoisse et d'enfants agenouillés autour de la table et guettant, malgré les *Ave* et les *Notre Père,* le moindre bruit venant de l'extérieur. Pas d'homme maigre qui passait ses journées à paraphraser la Bible et qui partait se suicider dans la montagne et revenait la nuit venue à moitié soûl. Mais je porte cette histoire, comme mes frères, mes sœurs, mes cousins, mes cousines et leurs enfants. Damnés pour combien de générations ? Ma mère dort, à l'abri, dans cette chambre tranquille et je suis contente. Elle a depuis toujours ce fantasme d'enfermement. Après sa première nuit de noces, après la réalité de la sexualité, elle a voulu que mon père la conduise au couvent. Elle racontait cette anecdote, comme ça, comme si c'était normal. Petite, ça me rendait mal à l'aise. Et, même maintenant, en l'écrivant, un inconfort physique, diffus, une sorte de honte. Ma mère n'avait aucune conscience des limites, du territoire.

J'ai été forcée à l'exil.

La chambre bleue

« Hier, ma femme a arrêté de parler. » Le vieillard qui vient de s'asseoir à ma table est le même que j'ai vu pleurer sur la terrasse. « Vous savez, c'est à cause de la faiblesse, elle ne mange plus depuis des jours. » La vieille infirmière qui nous a accueillis, mon père et moi, arrive près de lui. Je ne l'ai pas entendue approcher. Elle entoure le vieillard de ses deux bras. Elle va lui chercher un café, un sucre, deux sucres ? Le vieux continue : « C'est ma femme, elle va mourir. Le docteur a dit qu'il ne pouvait plus rien faire. » Il a accepté qu'on amène sa femme ici, c'était devenu trop difficile pour lui à la maison. Je dis : « Je comprends. » Il a une fille à Montréal, elle doit venir aujourd'hui. Elle n'a pas vu sa mère depuis une semaine. Une semaine, c'est rien, mais depuis, elle a arrêté de parler, elle ne pourra pas lui parler. Et il se met à pleurer. L'infirmière dépose une assiette devant lui : des fruits, des toasts. L'homme se calme, se mouche. Et moi, j'accompagne qui ? Mon père. Un cancer depuis deux ans, il a décidé d'arrêter les traitements. Il ne souffre pas. Je ne dis pas qu'il va mieux. Je sais que ça arrive presque tout le temps, après deux ou trois jours, les malades prennent du mieux. Le calme, les meilleurs soins, les médicaments mieux adaptés leur donnent des forces. Parfois la transformation est étonnante. Les soignants nous préviennent, c'est temporaire. Il faut profiter de ces quelques jours, sortir sur la terrasse s'il fait beau, écouter de la musique, parler, prendre le temps de se dire adieu.

Si on me demande combien de temps mon père est resté dans cette maison, je suis incapable de répondre. Autour de vingt ou vingt-cinq jours, je ne sais plus. Je dois toujours appeler ma sœur Josée pour le lui demander. Pendant cette période, elle était davantage dans la réalité que moi. Elle vivait dans sa maison, s'occupait des enfants, travaillait. Moi, dans cette chambre, je vivais avec les morts de mon père, il était de leur côté. Il ne parlait que de ses morts et cela a duré tout le temps qu'il a été conscient. Il était question de son père Joseph, de Fernande, ma grand-mère, d'Edmond, mort noyé peu de temps après la mort de mon grand-père, deux morts coup sur coup. Mon père m'avait dit un jour que, dans l'église du Bassin à Chicoutimi, les tombes d'Edmond et de son père lui barraient les pieds. Il refusait d'y entrer. Les deux fois, c'est mon père qui avait ramené le corps. Les deux sont morts *en haut*, sur la division forestière. Les hommes disaient « *en haut* », pour parler du chantier. On montait *en haut*, on mourait *en haut*, on travaillait *en haut*. Mon père n'était pas avec Edmond, mais il était avec son père. Un soir, Joseph, son père, a été terrassé par une crise cardiaque. Le jour même, il avait plongé dans l'eau froide pour constater les dégâts sur un bateau de la compagnie. Il avait soixante-dix ans. Je ne connais de lui que sa légende. Pour Edmond, on a appelé mon père par le poste de radio émetteur. Il savait qu'il était mort même si la personne n'avait pas donné de détails. Il fallait qu'il vienne, il y avait eu un accident. Lorsqu'il est arrivé sur le bord de la rivière, l'endroit était désert, les billots flottaient mais les outils des hommes avaient été laissés sur la rive. Le reste, je l'ai appris par les propos de mes oncles. Edmond s'était noyé. Il était tombé à l'eau en pleine drave et il avait été englouti sous les billots. Assommé. Personne n'avait rien pu faire. Une mort comme il y en a eu des dizaines, une mort de folklore. Il y avait plus de quatre-vingts hommes sur la rivière. Ils ont repêché Edmond et l'ont couché sur un lit de camp ; une couverture de laine grise recouvrait son corps. Mes oncles ont patienté des heures dans la cuisine du camp à attendre mon père et l'ambulance.

Dans la chambre bleue, les frères et la sœur de mon père sont venus du Saguenay pour le voir une dernière fois. Ils ont passé la nuit à son chevet. Le lendemain, ma tante Nicole m'a dit qu'ils avaient reparlé de la bataille et qu'ils avaient pleuré, elle avait l'impression que c'était la première fois qu'ils pleuraient Edmond. Elle était épuisée mais cela lui avait fait du bien. Nous étions sur la terrasse, je venais d'arriver pour prendre la relève. Je ne savais pas de quoi elle parlait. Durant la nuit, ils avaient reparlé d'Edmond. Lorsque mon père était venu annoncer sa mort à ma grand-mère Fernande, elle s'était agenouillée et avait commencé à prier et cela n'a jamais cessé jusqu'à la fin de sa vie. Fernande est devenue, à force de prières, une sorte de mystique. J'ai construit autour d'elle toute une hagiographie. Sa photo est sur mon frigo et il ne se passe pas de jour sans que je lui parle ou que je pense à elle. C'est ma sainte personnelle.

Je n'avais jamais entendu parler de la bataille. Ma tante me raconte que quelques semaines après la mort d'Edmond, les deux frères qui étaient avec lui sur la rivière se sont battus dans la maison du chemin Saint-Paul. Après la mort de mon grand-père, ils avaient quitté le rang pour s'installer en ville. Ce n'était pas une bagarre ordinaire, cela aurait pu mal tourner. Il y avait du sang partout, sur le couvre-lit en chenille blanc, sur le prélart, sur les murs. Fernande avait tout nettoyé. Personne n'avait jamais reparlé de cette bataille. Dans la chambre bleue, ma tante me raconte qu'ils avaient pleuré tous ensemble ; des vieillards qui pleuraient la mort d'un enfant de vingt ans. Lorsque Edmond est mort, elle ne se souvenait pas d'avoir pleuré, mais elle se souvenait d'avoir prié avec sa mère. Ma grand-mère passait des heures à genoux à prier. Ils la trouvaient partout en train de prier, dans la cuisine en faisant la vaisselle, agenouillée sur une chaise droite, au pied de son lit, parfois dehors, derrière la galerie, à l'abri des regards. Fernande avait tellement prié que la peau de ses genoux était devenue grise et dure. On pouvait deviner la forme exacte de ses os. Lorsqu'elle s'assoyait, elle rabaissait sa jupe par-dessus ses genoux ; elle en avait honte. Ma tante dit que sa mère adorait Edmond. Elle l'adorait et le protégeait. Edmond était un enfant doux. C'est dans la chambre bleue que j'apprends qu'Edmond bégayait. À l'époque, dans le Saguenay des années 50, cela passait pour un retard mental. Ça faisait souffrir ma grand-mère. Ma tante dit qu'ils avaient vingt ans et que la vie a été la plus forte. Au bout de quelques mois, la maison a recommencé à vivre, ils ont acheté un tourne-disque. Un de mes oncles était amoureux fou de Connie Francis et l'écoutait jour et nuit. Le samedi soir, ils sortaient danser dans les *grills*. Assise avec ma tante sur la terrasse blanche, je prends la mesure du deuil de Fernande. Mes souvenirs de la maison du chemin Saint-Paul sont, depuis toujours, des souvenirs heureux. Une petite maison de bois, tout près d'une épicerie où la caissière me donnait des bonbons parce que j'étais la fille de Raymond et, je l'ai appris plus tard, qu'elle avait beaucoup aimé mon père. Je possède une photo de cette époque, ma mère est assise sur une chaise de parterre derrière la maison, elle porte mon frère Richard dans ses bras, ma sœur Manon et moi sommes debout près d'elle. Ma mère ne sourit pas. Il y a de quoi, elle vient de vivre trois grossesses en cinq ans.

Ma mère vivait la maternité comme une agression.

La chambre blanche

Ma mère est assise dans la salle commune sur une chaise berçante en cuir qui ressemble étrangement au fauteuil vert qu'elle et mon père possédaient. Il trônait au milieu du salon et ma mère, enfoncée dans sa dépression, y avait passé des journées entières. Elle se levait le matin puis restait assise des heures sans bouger. Mon père lui apportait son petit déjeuner. Il faisait marcher la maison. Il se pliait à toutes ses exigences. Il lavait la vaisselle lorsqu'elle faisait sa sieste. Elle ne supportait plus le bruit. Elle restait là, immobile. De temps en temps, surtout lorsqu'il y avait du monde, elle explosait dans des colères inexplicables. Elle réglait le sort du monde, pestait contre la société actuelle, contre l'ignorance. Tout y passait et, les rares fois où je leur ai rendu visite durant cette période, ce n'était pas long avant qu'elle s'en prenne à moi. C'était invariablement les mêmes reproches : je vivais hors du monde, je n'étais pas dans la réalité. J'avais toujours été ainsi. Je les visitais le moins souvent possible.

Assis à côté de ma mère, trois hommes dans la trentaine se bercent dans des lazy-boy et écoutent un téléroman américain d'après-midi. À l'écran, des acteurs pomponnés, devenus monstrueux à force de liftings répétés, se jurent des amours éternelles. Dehors le soleil est magnifique, on est au beau milieu de juin. J'ai envie de pleurer. Ma mère m'aperçoit et se lève, résignée. Cette docilité me blesse. Les autres ne bougent pas, ils n'ont aucune réaction. Ils ne me regardent même pas. Je lui propose d'aller sur le balcon grillagé pour profiter du beau temps. Il est fermé à clé. Je lui dis de m'attendre et je vais chercher la clé au poste des infirmières. Une jeune fille me répond qu'il est interdit d'aller sur le balcon. Je demande pourquoi et elle est un peu déstabilisée par ma question. Bob, le vieil infirmier, arrive derrière moi et lui demande la clé, elle la lui remet. Il me précède dans le corridor, ouvre la porte, installe ma mère sur une chaise longue. Il est prévenant et doux. Il m'explique que la jeune infirmière vient de commencer. Elle a du mal à faire la part des choses. Ils ont fermé le balcon à clé parce que, la veille, ils ont reçu des plaintes. Je ne comprends pas, des plaintes de qui ? Le balcon domine une rue tranquille d'un quartier chic. Il me montre une maison avec une terrasse sur le toit. Hier, le propriétaire y avait organisé une fête. Sylvie, celle de Sept-Îles, s'est désorganisée. Ils ont eu du mal à la calmer. Elle s'était barricadée derrière les chaises de parterre et menaçait de les lancer si les infirmières approchaient. Les autres patients se sont mis à crier aussi. Le party de la terrasse a été pas mal cassé. Les invités ont passé une partie de la soirée à surveiller ce qui se passait sur le balcon de l'hôpital et à entendre Sylvie hurler. Dans sa plainte, le propriétaire avait expliqué que cela avait perturbé les enfants. Bob était absent, mais le chef du département lui a téléphoné. Ils avaient besoin de renfort. Il est venu travailler quelques heures. Les patients étaient surexcités. Sylvie a été transférée en haut. Il me rassure, ma mère était couchée depuis longtemps. Nous sommes accoudés à la rampe du balcon. Je lui dis qu'il me semble que les maisons sont loin. Il pense la même chose que moi. Ma mère somnole sur sa chaise. Je lui raconte ce qu'elle m'a expliqué à propos de Sylvie. Et là, je suis sidérée. C'était assez vrai. Elle ne passe pas l'année à l'hôpital mais, depuis six ou sept ans, elle y séjourne quatre ou cinq mois. Ils la stabilisent, et elle repart à Sept-Îles chez ses parents. Je dis qu'il vaudrait mieux qu'elle vive dans un appartement supervisé. Il soupire. Il le sait, mais on ne peut pas la forcer. En général, lorsqu'elle revient à l'hôpital, elle est épuisée et elle accepte de se faire hospitaliser parce qu'elle sait qu'elle va enfin pouvoir dormir. Bob est un peu mal à l'aise, il me demande d'être discrète. L'épisode d'hier l'a fatigué, il n'a pas l'habitude de parler des patients. Je pose ma main sur son épaule. Et là, je lui dis une phrase étonnante, une phrase qui m'échappe : « Il faudrait la sortir de Sept-Îles. »

Contre la folie, je ne crois qu'à l'exil.

Je m'assois près de ma mère. Elle dort. Son corps n'a plus aucun tonus. L'année dernière, à la même date, mon père agonisait. Personne ne pourrait croire que la femme assise à côté de moi est la même que celle qui arpentait le corridor de la maison de soins palliatifs une heure ou deux par jour. Ma mère arrivait comme une star. Elle faisait une apparition. Elle était bien mise, arborait une nouvelle robe, un chapeau. Elle disait que mon père l'avait remarquée à cause de ses chapeaux. Assise sur une chaise, dans la chambre de mon père, j'assistais au spectacle. Ma tante l'accompagnait et s'en occupait. Ma mère en petite fille endimanchée, heureuse qu'on s'occupe d'elle. Ma mère absolument inconsciente des drames qui se passaient autour d'elle. Elle ne voyait pas les autres vieillards qui arpentaient les corridors à la limite de l'épuisement. Elle ne voyait pas non plus les adolescents affolés au chevet d'un parent mourant et qui marchaient la tête baissée, portant la mort comme une honte.

L'année dernière, dans une chambre voisine de celle de mon père, agonisait un autre vieil homme. Sa femme était à son chevet jour et nuit. Elle avait l'âge de ma mère. Souvent, le matin, dans la cuisine aménagée pour les membres des familles, nous discutions. Elle me racontait comment son mari avait passé la nuit et je lui parlais de mon père. À quelques reprises, je me suis chargée d'aller chercher son assiette et de lui préparer son café. Elle était d'une grande douceur. Un matin, elle m'a questionnée à propos de ma mère. J'imagine qu'elle l'avait aperçue dans le corridor en train de se pavaner dans sa robe. Elle ne l'a pas exprimé mais j'ai bien vu qu'il y avait quelque chose qu'elle ne comprenait pas. À ma grande surprise, j'ai eu honte. Je croyais avoir traversé la honte. J'ai répondu la vérité. Ma mère avait des problèmes de santé mentale et ce n'était pas une situation qu'elle pouvait affronter. La vieille m'a pris la main. Ce jour-là, je suis sortie pleurer sur la terrasse et ce n'était pas sur mon père, mais sur moi.

Ma mère s'est endormie. Son souffle est régulier. Le grand balcon grillagé est vide. Il n'y a que nous deux. Je pense aux garçons de trente ans, agglutinés autour de la télévision, en plein après-midi. Je n'arrive pas à pleurer. Pendant des années, dans les pièces aux lumières tamisées, j'ai mis des mots sur la folie de ma mère, des mots sur sa maladie, des mots qui, peu à peu, ont fini par me pacifier. Et il y a eu les livres, ceux que je lisais et ceux que j'écrivais. Mais chaque mot, chaque livre m'éloignait de la maison en bardeaux, de ma mère, de ses crises de colère, des injures, de sa jalousie. Les mots m'éloignaient de ma peine et de ma honte. Les mots consolidaient chaque jour mon exil. Je n'avais pas imaginé que je devrais revenir, que la mort et l'âge me feraient revenir, que sa folie me ferait revenir et qu'encore une fois, il faudrait des mots et qu'encore une fois, il me faudrait affronter ceux de la maison en bardeaux.

La vieille femme qui dort près de moi est restée une petite folle terrorisée. Elle s'est construite dans la terreur, nous a élevés, nous, ses enfants, dans la terreur. Ma mère a commencé à parler de son enfance il y a à peine quelques années, et les confidences sont venues par bribes et la plupart du temps parce que je la questionnais. Dans les pièces aux lumières tamisées, où à force de mots je consolais, reconstruisais l'enfant que j'avais été et lui expliquais le monde, j'ai fini par prendre la mesure de la terreur de la petite folle.

Ma mère est une petite folle terrorisée qui cache un chien borgne au fond d'une étable. Un dimanche soir, le fou de la maison en bardeaux décide une fois de plus qu'il en a assez de l'existence et qu'il part se suicider dans la montagne. C'est souvent le dimanche qu'il a ce genre de crise. Le dimanche, dans le fond du rang, n'est pas une journée comme les autres. On doit atteler le cheval et se rendre au village pour la messe. On mange souvent chez un membre de la famille et le fou a tendance à prendre un coup de trop. Ça le perturbe. C'est toujours le même scénario. Il se change, met son habit du dimanche bien en vue sur le lit, demande à ce qu'il soit repassé. On ne doit pas le mettre dans sa tombe avec un habit froissé. Il a de la suite dans les idées. Il va chercher le fusil qu'il cache dans la grange et qu'on n'arrive pas à retrouver même si on le cherche pendant qu'il a le dos tourné. Une fois, le chien décide de le suivre. Le fou le prévient, il veut être seul. Le chien a la tête dure et continue de le suivre. Lorsqu'il revient de son suicide en plein milieu de la nuit, il les réveille tous et leur annonce qu'ils ne reverront plus jamais ce maudit chien. Les jours passent et un matin très tôt, alors que ma mère sort pour aller traire les vaches, elle voit, près de l'étable, un chien qui a du mal à avancer. Ma mère m'a raconté qu'elle n'a reconnu le chien qu'à la dernière minute. Il avait des bosses partout et la moitié du poil arraché. Ses blessures suintaient. Mais, le pire, c'est que le chien n'avait qu'un œil. On lui avait arraché l'autre. Ma mère a pris le chien et l'a caché au fond de l'étable. Le lendemain, il était mort. Avec son frère, elle l'a enterré près du tas de fumier. Je crois que le fou est mort sans avoir su que le chien avait survécu. Ma mère croit dur comme fer que le chien borgne s'est vengé. Il s'est vengé comme les chevaux qui tiraient le corbillard de son grand-père, celui enfermé à Saint-Michel-Archange. Ils s'étaient emballés et la tombe avait été éjectée et s'était ouverte au beau milieu du village. Le vieux avait la réputation de battre à mort ses chevaux. Dans le monde de ma mère, les animaux se vengent, les familles subissent des malédictions sur sept générations et la faute des pères doit être expiée par les fils.

La chambre bleue

« Je ne suis plus dans le temps. » Je réfléchis à ce que je viens de dire et je suis incapable de l'expliquer autrement. Je suis en train de manger avec Josée et les enfants. Lorsque j'arrive de la maison de soins palliatifs, je prends une longue douche, je me change et je m'installe sur la terrasse dans une chaise longue. J'ai l'air d'une convalescente. Je ne fais rien d'autre. J'attends que les autres rentrent et je prépare le souper avec Josée. Souvent, sur cette terrasse, je repense à ce que mon père m'a dit. Il s'agit presque toujours de petites phrases qui semblent sortir de nulle part. Le matin, lorsqu'il est revenu du bain, je l'ai réinstallé dans son lit avec l'infirmière au beau visage. Avec elle, je fais l'apprentissage des gestes qui soignent. Je sais comment remonter un malade dans son lit, comment le mobiliser pour éviter les plaies, comment soulager les points d'appui. J'apprends que toute cette concentration et toute cette technique aident à se confronter au corps ravagé par la maladie. Mon père, en homme humble, la remercie. Deux ou trois fois, il s'est inquiété. Est-ce que tout cela est gratuit ? On ne doit pas payer ? J'en suis certaine ? À quelques jours de sa mort, mon père redevient ce qu'il a toujours été : un petit garçon pauvre. Le matin, il m'a dit en souriant : « Tu sais, à Jonquière, j'avais une bicyclette. » L'infirmière lui a fait son injection et il s'est endormi.

Je passe des heures, assise sur une chaise pliante près de la tête du lit. Mon père n'a pas à faire d'effort pour me parler. Il n'a qu'à tourner la tête pour me voir. Je pense au petit garçon à bicyclette. À Jonquière, à onze ans, mon père devient livreur de télégrammes. Il va les chercher à la gare autour de quatre heures et les distribue ensuite dans la ville. Il les livre la plupart du temps dans le quartier d'Arvida, chez les riches anglophones qui dirigent l'usine d'aluminium. Ils sont gentils et lui donnent de bons pourboires. Le petit garçon sera pour toujours impressionné par la tranquillité de ces maisons et aussi par l'assurance de ces hommes qui n'ont pas peur des télégrammes. Chez les pauvres, où il ne va pas souvent, toute la maisonnée accourt et ce n'est pas rare que tout le monde se mette à crier devant l'enveloppe. Lorsqu'il revient à la gare, c'est l'heure des informations. Le chef de gare monte le son de la radio et s'installe devant la mappemonde qu'il a commandée par la poste aux États-Unis. À mesure que les nouvelles du front lui parviennent, il trace au crayon la position des armées. Lorsque René Lévesque, alors correspondant de guerre, fait son reportage, le chef de gare se rapproche un peu plus de l'appareil. Mon père restera jusqu'à la fin de sa vie envoûté par cette voix. Il restera aussi fasciné par les voyages, par l'histoire de la Deuxième Guerre mondiale, par le pouvoir de l'écrit, par la politique. Le petit garçon pauvre de Jonquière était en train de tracer le destin de ses futurs enfants. Un de mes frères est journaliste et a couvert tous les conflits importants depuis vingt ans. Je suis devenue écrivaine et une de mes sœurs est une haute gestionnaire de l'État. Nous sommes tous épris de voyages. Il n'y avait rien qui faisait plus plaisir à mon père que de recevoir un téléphone d'outre-mer. Un jour, je l'avais appelé de Saint-Pétersbourg. Je me souviendrai toujours du son de sa voix. Il était euphorique. Je devais savoir que cette ville avait été fondamentale lors de la Deuxième Guerre mondiale. Je lui avais raconté qu'on trouvait encore des squelettes enfouis sous les bâtiments. Pendant la journée, nous avions vu un homme aligner des crânes devant une splendide maison du centre de la ville. On nous avait expliqué qu'il s'agissait de personnes mortes lors du siège. Cela avait bouleversé mon père. Il avait fini la conversation comme il le faisait souvent lorsque je l'appelais d'un autre pays et que la communication avait été bonne. Il répétait : « C'est fantastique, on dirait que tu es chez le voisin. »

« Je ne suis plus dans le temps. » La phrase n'arrête pas de me trotter dans la tête. Dans le fond, je suis dans le temps de mon père. Dans la chambre bleue, il y a les morts de mon père, il y a le temps de mon père, il y a l'enfance de mon père. C'est parfois une intimité d'âme qui me trouble. Je suis aussi dans le temps des révélations. Mon père est de plus en plus faible, même les mots sont comptés. Il ne s'agit que de phrases brèves, dites les yeux dans les yeux. Après, lorsqu'il dort, pendant des heures, je reconstruis l'histoire. Une petite histoire d'homme simple, façonnée par la grande Histoire. Un matin, je me penche sur mon père, il a les larmes aux yeux : « Mon demi-frère, Georges-Henri, il me battait. Je suis parti au collège. » J'ai essuyé ses larmes et j'ai mis une sorte de gelée lubrifiante dans ses yeux. Les malades sont si faibles qu'ils ont du mal à cligner des yeux et ceux-ci deviennent secs. J'ai pris sa main et il s'est rendormi. Je possède une photo de mon père en petit collégien, il porte le costume de l'époque : pantalon aux genoux et petit blazer foncé. L'enfant est debout et souriant. Sur la photo, un détail, pour moi intolérable : l'enfant porte des bottines trop grandes pour lui et, même sur cette photo noir et blanc de plus de soixante-quinze ans, on peut très bien voir que les chaussures sont usées à la corde.

Ma grand-mère Fernande avait fait des pieds et des mains pour que mon père puisse aller dans ce collège à Rivière-à-Pierre. Le village fait partie de ma géographie personnelle.

À deux ou trois reprises, mon père nous y avait emmenés. Je me souviens d'un village plein d'arbres et d'un très grand édifice gris. Au moment où j'écris ces lignes, je suis allée vérifier sur Internet. Mon souvenir est conforme : un petit village plein d'arbres. La famille de mon père s'est beaucoup déplacée jusqu'à la fin des années 50. Mon père est né en 31, en pleine crise, il était le premier enfant du deuxième lit de mon grand-père qui était déjà père de six enfants. Fernande, ma grand-mère, mettra au monde sept enfants. Quand elle s'est mariée, elle avait trente-cinq ans. J'ai longtemps cru, dans une vision romantique de ma grand-mère, qu'elle avait été émue par ce veuf esseulé. Mais, ici, la grande Histoire, celle qui façonne la vie, surtout la vie des pauvres, est à l'œuvre. Ma grand-mère était servante chez un médecin de Jonquière, le docteur B. Elle a élevé sa fille. La femme du docteur B., en bonne bourgeoise, s'est retirée dans sa chambre après la naissance de sa fille. On ne l'y reprendrait plus. Elle souffrait de neurasthénie. C'est Fernande qui m'avait appris le mot. Elle le prononçait avec respect. Ce n'était pas n'importe quelle maladie, ce devait être important, c'était une maladie de riche. Mais, en 30, le médecin vit dans la misère. Plus personne ne peut le payer. Il ne peut plus garder Fernande. Joseph, ce veuf, qui est un des amis du médecin, vient leur rendre visite, il rencontre Fernande et lui demande la permission de lui écrire. Six mois plus tard, ils sont mariés. Fernande allait se retrouver seule et à la rue à trente-cinq ans. Le veuf lui offrait une porte de sortie. Elle a profité de l'occasion.

Je crois que ce ne fut pas un mauvais mariage. Ce fut, et de cela, j'en suis certaine, un mariage vécu sans violence. Il semble que mon grand-père était d'un calme surprenant. Toutes les anecdotes que j'ai entendues sur lui tournent autour de ce calme. Un jour, à cause d'une tornade, le toit de la grange s'était envolé. Selon mon père, il avait continué son repas, avait repris du thé et avait déclaré qu'on le reconstruirait le lendemain. Il n'était même pas sorti voir les dégâts.

Lorsque ma grand-mère Fernande est morte, j'étais en pleine période d'examens à l'université et je ne l'ai pas vue lors de son agonie, je n'ai pas assisté non plus à ses funérailles. Je sais qu'elle ne voulait pas mourir. Elle n'arrêtait pas de dire que son œuvre n'était pas terminée. Il semble qu'elle tenait jour et nuit son perpétuel sac à main noir. Fernande a eu le même sac à main tout au long de sa vie. Elle ne le prenait que pour sortir et le rangeait soigneusement en rentrant. Je me souviens du fermoir. Lorsqu'elle ouvrait et fermait le sac, ça faisait clac. Je me souviens du bruit exact. Elle a aussi porté toute sa vie, et pour toutes les occasions, le même modèle de tailleur marine, cintré à la taille et la jupe juste au bas du genou. Mon père parlait d'un squelette assis dans un lit, portant un sac à main noir comme un bouclier. Fernande croyait dur comme fer qu'elle avait raté sa vie, parce qu'elle n'avait pas pu donner un de ses enfants à Dieu. Et elle aurait bien donné mon père. Il aurait fait un très beau prêtre, peut-être même un missionnaire comme son cousin Jean-Marie. Mais mon père ne réussissait pas à l'école. Au collège, les sœurs parlaient d'un enfant doux et gentil, mais il avait du mal avec ses lettres et l'ordre des chiffres. Les bonnes sœurs ne connaissaient pas la dyslexie. Mon père croira toute sa vie qu'il n'était pas très intelligent. On l'a renvoyé au bout de deux ans. Heureusement,

Georges-Henri avait vieilli et il avait commencé à s'intéresser aux filles.

Je ne sais pas où Fernande a trouvé l'argent pour envoyer mon père au pensionnat, mais je sais qu'elle a frappé à la porte du presbytère de la paroisse. Je ne peux que l'imaginer : timide, portant le tailleur de son mariage et son chapeau à voilette qui cache ses yeux. Fernande portait des lunettes très épaisses, elle en avait honte. Cet enfant avait la vocation, elle en était certaine et tout le long du chemin, elle ne pensait qu'à une chose, l'éloigner de ce frère violent, traumatisé par la mort de sa mère. Fernande n'avait pas ces mots, elle avait des mots de pauvres, des mots puisés dans les sermons entendus à l'église. Elle pensait : épreuve, prière, soumission, impuissance. Plus je vieillis, plus je me surprends à les utiliser.

La chambre blanche

Je répète la phrase pour la deuxième fois : « Elle n'arrive jamais à traverser l'été sans drame. » Je suis assise sur la terrasse chez ma sœur, nous prenons notre petit déjeuner. Depuis aussi loin que je puisse me rappeler, ma mère a toujours eu un épisode dépressif pendant l'été, et si ce n'était pas le cas, elle nous fabriquait un psychodrame grandiose. Parfois même, ça touchait au délire. Elle frôlait l'abîme. Mon père la rattrapait toujours. Il n'était plus là. Cette année, les menaces de suicide et l'hôpital psychiatrique. Elle s'était surpassée. J'ai décidé de rentrer au chalet du lac. Ma mère allait rester encore quelques semaines à l'hôpital et après, elle emménagerait dans son nouvel appartement dans la paroisse où elle est née, près de l'église Sainte-Anne à Chicoutimi. Je vais m'occuper de son installation. Je pense : « J'aurai fait ma part. » Lorsque j'arrive à l'hôpital, le frère borgne de ma mère est dans la chambre, il est assis sur une chaise droite. Lui et ma mère sont silencieux. Silencieux et résignés. La dernière fois que je l'avais vu, c'était aux funérailles de mon père. Il porte un œil de verre, mais à peine si on le remarque. Il a eu un accident enfant, son œil s'est répandu dans un champ près de la maison en bardeaux. Il travaillait avec son grand frère, l'aîné, l'héritier de la maison et de la terre.

Dans les pièces aux lumières tamisées, j'ai parlé de cet accident et du mystère de cet accident. Il y a un trou, une chose non dite. Lorsque ma mère en parlait, c'était de l'ordre d'un cataclysme. C'était pire que la noyade d'Edmond, pire que n'importe quel malheur qui pouvait s'abattre sur une famille. Mon oncle ne serait jamais un homme comme les autres. Dans ce milieu paysan, il était comme une bête blessée, devenu inutile pour les travaux de la ferme. On allait le faire instruire. Il pourrait gagner sa vie autrement. Dans les pièces aux lumières tamisées, cet enfant borgne revenait sans cesse. Le chien borgne, l'enfant borgne, le mauvais sort, une conception du monde archaïque. Dans cette chambre, nous nous taisons tous les trois de longs moments. Il explique qu'il est venu à Québec pour un examen médical et qu'il en a profité pour venir voir ma mère. Il la trouve amaigrie. Ma mère ne se mêle pas de notre conversation, elle est plongée dans le journal qu'il vient de lui apporter. Nous n'avons pas grand-chose à nous dire. Il me parle de mon travail, de Montréal. Il n'est pas question de mes livres. Je dois lui expliquer où se trouve le chalet du lac. J'ai soudain une montée de compassion pour lui. C'est un vieil homme malheureux, épuisé par une vie compliquée. Il porte lui aussi le poids de la maison en bardeaux. J'ai de lui un souvenir extrêmement précis. Nous sommes au salon funéraire. Il est avec ma grand-mère maternelle devant la tombe de mon grand-père. J'ai dix ans et je suis derrière eux. Mon oncle et ma grand-mère se tiennent par la main. Mon oncle est juste un peu derrière ma grand-mère. Elle l'attire vers la tombe. Il n'est pas très à l'aise. J'ai dix ans et je comprends qu'il se passe quelque chose qui ne devrait pas se passer. Ma grand-mère est heureuse, le fou est mort, elle est débarrassée. Elle veut entraîner son fils dans son bonheur. J'ai dix ans, je me souviens parfaitement de mon malaise. Après, assise dans la chaleur de la voiture entre Fernande et mon père qui nous ramenait, j'ai pris une décision. J'ai dix ans, mais je sais que c'est une décision fondamentale. La décision la plus importante de ma vie. Je ne serais jamais comme eux, jamais comme ceux de la maison en bardeaux. Je serais du côté de ceux du chemin Saint-Paul, de Connie Francis et des pas de la bossanova que l'on apprend en buvant de grands verres de liqueur aux fraises. Je m'y suis tenue.

Quelques jours plus tard, j'ai pris le bus et je suis rentrée au chalet du lac. Ma mère a passé trois autres semaines à l'hôpital. Elle a repris du poids et était plus calme. À la fin de l'été, juste avant de rentrer à Montréal, je l'ai installée dans son nouvel appartement. L'édifice est complètement neuf, il n'y avait que quelques locataires qui avaient déjà emménagé. Les fenêtres de son logement donnent sur le Saguenay. La vue est magnifique. On y aperçoit le fjord et la ville construite en paliers. Je n'ai qu'une espérance, une seule : que cesse son errance.

Depuis quelques années ma mère et mon père avaient déménagé de nombreuses fois, d'une maison à une autre, d'une résidence à une autre, jusqu'à aboutir à Québec, près du parc des Braves dans une résidence considérée comme haut de gamme. Tout de suite, elle et mon père avaient été rejetés. Elle surtout, j'imagine. C'était un repère de vieilles snobs, veuves de médecins et d'avocats de la Haute-Ville, toutes allergiques à quiconque n'était pas de leur classe. Juste les voir, juchées sur leur intime conviction qu'elles étaient supérieures, me donnait envie de leur crier qu'elles allaient mourir quand même. Elles allaient mourir, malgré les tailleurs Chanel et les escarpins qui les faisaient tanguer dangereusement, même accrochées à leur marchette. Évidemment, Josée et moi avions prévenu mon père, mais il était déjà malade et affaibli, loin d'être en mesure de s'opposer à ma mère. Et c'était sans compter que, une fois de plus, le petit garçon pauvre était ébloui.

La chambre bleue

Mon père est de plus en plus faible. Le matin, j'avais dû tenir sa tasse. Il avait eu cette phrase : « Je suis vraiment très malade. » La veille, il avait eu une journée agitée, aux prises avec une crise de delirium. Sa médecin était venue et lui avait administré un médicament qui calmait ce genre de crise. Elle m'avait expliqué qu'il fallait toujours l'informer de l'endroit où il se trouvait, de l'heure de la journée, et nommer les personnes qui étaient dans la chambre. Je devais avertir les autres de se comporter de cette façon. Elle croyait que le malade devait rester le plus conscient possible de son environnement, que cela était moins angoissant. Je l'avais regardée et je ne sais pas d'où me venait cette certitude mais je lui avais dit : « Vous êtes bouddhiste. » L'infirmière au beau visage a eu un petit sourire. En sortant, la vieille médecin m'avait prise dans ses bras et m'avait embrassée. J'ai appris plus tard qu'elle travaillait dans cette maison depuis sa retraite et que le reste du temps, elle se rendait dans des ashrams pour méditer. Ensuite, chaque fois que je la voyais, j'avais envie de rire. Je me rappelais les propos de ma mère, la première fois qu'elle l'avait rencontrée, elle m'avait affirmé : « Elle a l'air compétente mais elle est dans une sorte de secte. » J'avais haussé les épaules, cette femme n'avait rien à voir avec les membres d'une secte. Sauf que ma vieille folle de mère, avec son inconscient à fleur de peau, avait perçu quelque chose qu'elle n'avait pas pu identifier et qui avait un rapport avec Dieu.

Mon père dormait de plus en plus. Il avait des périodes d'éveil le matin. J'ignore si c'est la même chose pour tous les malades. Ma sœur californienne et moi, nous nous partagions les horaires de garde. Je crois que c'est dans cette chambre que je me suis rendu compte de la distance qui s'était installée entre elle et moi. Nous étions devenues des étrangères. Elle était très affectée par la mort de mon père, convaincue que son exil lui avait volé un temps précieux où elle aurait pu profiter de sa présence.

Je crois qu'elle vivait cette mort comme une injustice. Le dialogue avec elle était devenu impossible et cela me peinait. Lorsque je faisais le quart de jour, je restais assise près de mon père sans rien faire. Je n'arrivais pas à lire, ni à écouter de la musique, ni rien. J'étais là, près d'un lit, à attendre. Et je n'arrêtais pas de me répéter les phrases que mon père m'avait dites. La peine du petit garçon, le bégaiement d'Edmond, le déracinement du jeune adolescent, et il y avait à peine quelques jours, une toute petite phrase : « Tu sais, *en haut,* la première fois, j'ai été six mois sans descendre. » Il avait repris sa respiration et avait ajouté : « Ce n'était pas tous des Enfants Jésus. »

Mon père est monté *en haut* pour la première fois à quinze ans. Son père, soucieux de lui donner un meilleur avenir que bûcheron, l'avait encouragé à travailler sur la machinerie. Il existe une photo de mon père qui pose sur son tracteur. Il ne doit pas avoir plus de seize ou dix-sept ans. Il est rayonnant. Un petit garçon qui joue avec son Tonka.

Lorsque j'étais enfant, nous avions un petit chalet familial que nous partagions avec Fernande. Le dimanche, les frères de mon père venaient nous rendre visite. Pendant que les femmes discutaient dans le chalet, les hommes se tenaient autour des voitures dans l'entrée. Il était presque toujours question de leur travail et de ce qui s'était passé *en haut* pendant la semaine. Je ne comprenais pas grand-chose, mais je savais qu'il y avait une vie *en haut*, une vie qui n'avait rien à voir avec le monde d'*en bas*. Une vie dont ils ne parlaient qu'entre eux. Au cours des années, mon père avait laissé passer quelques commentaires : les camps étaient remplis d'hommes qui venaient de partout de l'est du Canada et même de plus loin. Certains venaient d'Europe, plusieurs de Hollande, des communistes chassés par la guerre et qui avaient fui pour échapper aux nazis et au camp de la mort. Il m'a souvent répété que ceux qui venaient du Nouveau-Brunswick étaient pauvres, plus pauvres encore que ceux du Saguenay, plus pauvres que lui. C'est la fin de la guerre. On doit reconstruire, l'industrie du bois est florissante. Ils sont des centaines, entassés dans des camps, et leur réalité n'a rien à voir avec le folklore qu'on en fera des années plus tard. Ils sont sales, ont des poux, vivent des chocs culturels. Mon père a quinze ans, il sort des jupes de Fernande, il est élevé dans une culture catholique pudibonde. Et soudain, cette confrontation au monde dans ce qu'il comporte de plus brutal, dans un environnement proche du milieu carcéral. Pour ces adolescents, le passage à l'âge adulte est violent, trop violent. Ils deviendront des hommes silencieux. Ils venaient du monde d'*en bas,* élevés jusqu'à l'adolescence par des femmes pieuses et dociles. On est en pleine Grande Noirceur, ils sont issus de milieux pauvres, où la soumission et l'obéissance sont des valeurs fondamentales. Ce qu'ils trouvent *en haut,* ils n'ont pas de mots pour le décrire, surtout pas à leur mère ou à leur femme. Elles les forceraient à aller se confesser, et de quoi ? Ils commenceraient par quoi ? Par s'accuser des bruits entendus la nuit lorsque les hommes se masturbent. Par s'accuser d'avoir vu des hommes plus vieux caresser les yeux fermés la peau de jeunes hommes et que cela les avait excités. Par expliquer au curé que les Hollandais et les autres, ceux venus de l'autre bord, affirmaient d'un bout à l'autre du camp que Dieu n'existait pas et qu'ils se moquaient de l'aumônier, qu'ils traitaient de fou. Et cette question de Dieu, ça les taraudait. Et si les Hollandais avaient raison ?

Ces hommes se sont tus.

Ces hommes, mes oncles, mon père, timides, pauvres, impuissants et enfermés dans le silence.

Puis, mon père m'a dit sa dernière phrase, je ne savais pas que c'était sa dernière phrase, il m'a dit : « Mourir, c'est plus difficile que je pensais… » Après, il a encore passé près d'une semaine complètement inconscient. Je passais des journées entières près d'un squelette qui respirait. J'attendais qu'il meure. Je voulais qu'il meure. L'infirmière au beau visage passait plus souvent. Elle s'assoyait sur le lit et regardait mon père. Elle comptait ses respirations. Elle restait assise de longues minutes à le contempler. J'avais passé des jours avec cette femme dans une intimité à la limite du supportable. En général, dans cette maison, les familles n'ont pas à aider pour les soins de base. Il existe des bénévoles qui font ce travail. Mon père n'était pas un malade difficile, mais dès le premier jour, il avait insisté : pas de bénévoles dans sa chambre. Nous étions en mesure de nous occuper de lui. J'avais dû l'expliquer aux infirmières. J'avais aidé cette femme à laver mon père, à changer ses couches, à le mobiliser alors qu'il était inconscient. La première fois, elle m'avait félicitée. Sur le coup, je n'avais pas compris. Mon père, bien qu'il ait été alité pendant des jours à la maison, n'avait pas de plaies de lit, il n'était pas non plus complètement déshydraté. Je ne pouvais pas m'imaginer dans quel état certains malades arrivaient de l'hôpital. Souvent, on les avait encore gavés de chimio deux, trois jours avant de les transférer. Parfois, elle trouvait des papillons qui servaient pour les injections et qu'on avait oublié de retirer. Ça la révoltait. Cette intimité m'avait rapprochée de cette femme. Un matin, en changeant le sac de stomie de mon père, elle s'était rendu compte que le sac était plein de sang. J'étais dans la salle de bain en train de ranger le linge. Elle était apparue sur le seuil et m'avait demandé de lui donner un sac poubelle. Elle voulait que je reste dans la salle de bain le temps qu'elle finisse. Elle avait les yeux pleins d'eau.

Mon père a encore vécu quelques jours. Il est mort par un splendide après-midi de juin.

J'étais seule avec lui. Dans le grand salon, comme tous les après-midi, un pianiste jouait. Chaque jour, un pianiste bénévole venait jouer une heure ou deux. Il y en avait de tous les styles et de tous les genres. Ça allait de la vieille dame bourgeoise qui s'en tenait au *Für Elise* et à quelques adagios de bon aloi à ce que j'imaginais être de vieux survivants de pianos-bars. Cet après-midi-là, le pianiste fredonnait *Fly me to the moon,* une des chansons préférées de mon père. Ça ne s'invente pas. Il devait être près de quatre heures, je le sais parce que l'infirmière au beau visage est venue me demander la permission de rester pour faire la toilette mortuaire de mon père. Elle avait fini son quart de travail, mais elle voulait rester. Nous nous sommes assises de chaque côté de mon père. Elle lui caressait le visage. Elle m'a dit qu'il y avait longtemps, elle avait perdu son mari dans un accident. Il était parti le matin et elle ne l'avait plus revu vivant. Elle restait seule avec trois adolescents. Elle s'est frottée les yeux, elle était fatiguée de sa journée, elle n'aurait pas dû me raconter cela. Je l'ai serrée dans mes bras. Elle trouvait merveilleux qu'on puisse accompagner quelqu'un jusqu'à la mort.

J'avais vécu près d'un mois dans cette maison. J'avais vu des morts tous les jours. J'avais vu des gens pleurer, crier. J'avais même vu une bataille entre deux femmes dans le stationnement. La police avait dû s'en mêler. Tout au long de ces semaines, j'avais compris une chose, j'avais compris que ceux qui travaillaient dans cette maison avaient besoin de se mesurer avec la mort. Je suis encore convaincue de cela.

Le Saguenay, le retour

On a erré un peu avant de trouver l'entrée du cimetière. Mon frère stationne la voiture tout au fond, près d'un petit calvaire en plâtre blanc. Nous sommes chez les pauvres, même les statues sont moins imposantes. Il croit que la tombe de mes grands-parents est juste à côté. Pendant qu'il cherche la sépulture avec ma sœur Josée, j'entraîne Juliette, ma nièce, au bord de la falaise. C'est une vue de carte postale, le Saguenay qui coule en contrebas, les falaises rocheuses de la rive nord, et juste au-dessous de nous, la petite maison blanche qui a résisté au déluge. Je souris. Les gens, ici, ont le sens du tragique. C'est une terre féconde pour les artistes et les politiciens.

Mon frère et ma sœur tournent toujours autour du calvaire, visiblement la tombe de mes grands-parents n'est pas là où nous le croyions. C'est un petit cimetière, assez mal entretenu, il semble abandonné. Juliette et moi décidons de faire le tour des allées. C'est moi qui trouve la pierre tombale, juste à côté de l'entrée. Juliette court chercher le pot de yogourt vide que nous avons apporté et mon frère prend la pelle. Le gazon est dur, dessous, la terre est sèche et poussiéreuse. Il emplit le pot à ras bord, ma sœur lui fait remarquer en riant que la moitié aurait suffi. Il s'agit de mélanger un peu de cette terre avec celle qui recouvrira l'urne de mon père.

Il n'est pas onze heures et déjà nous transpirons, une chaleur écrasante comme il y en a souvent à la fin juin. Mon père est mort depuis quelques jours, je ne sais plus depuis combien de temps exactement, je dois le demander. Toujours cette impression de ne pas être dans le temps. Et je suis encore avec ses morts. Edmond aussi est dans ce cimetière mais on ne sait pas où, il n'y a pas de pierre tombale, on n'avait pas assez d'argent. Le numéro de lot n'est pas non plus dans les registres de la paroisse. La mémoire, la descendance, ce n'est pas une affaire de pauvres. Il semble que le curé de l'époque n'était pas très pointilleux sur la tenue des livres. Mon frère avait fait des recherches. À la maison de soins palliatifs, mon père était revenu souvent sur cette histoire de cimetière. Il aurait voulu que nous exhumions les dépouilles de son père et de sa mère et même celle d'Edmond. Il souhaitait que nous les enterrions avec lui dans le terrain qu'il avait acheté dans le cimetière de l'Anse-Saint-Jean. C'était un grand terrain, assez pour accueillir une vingtaine de sépultures. Le lieu est magique, un cimetière entouré de montagnes où coule une immense chute d'eau. Pour s'y rendre, on doit emprunter un pont couvert. C'est là que je serai enterrée. Je disais, pour faire rire mon père, qu'il allait être fier de moi, pour une fois, j'allais économiser. Le terrain était déjà payé.

Au début, je n'avais pas beaucoup prêté attention à cette histoire d'exhumation. Mais mon père revenait sans cesse sur le sujet. Il a fini par convaincre mon frère de s'informer. Il était journaliste, il pouvait bien faire cela pour lui. C'est là qu'on a appris qu'exhumer des corps n'est pas une mince affaire. Il faut des autorisations de l'évêché, une étude médico-légale sur les dépouilles pour empêcher une possible propagation de maladies infectieuses disparues, et aussi, une raison légale de le faire. Tout cela coûtait une fortune. Nous avons dû expliquer à mon père que c'était impossible, et c'est ma sœur Josée qui a eu l'idée du geste symbolique. Il s'était résigné. La résignation, c'est aussi une habitude de pauvres. Cette demande de mon père nous avait beaucoup étonnés. Il était mourant, peut-être un peu délirant. C'est ce que nous avons pensé. En revenant du cimetière, bien calée dans le siège arrière de la voiture de luxe de mon frère, j'ai compris une chose. Mon père voulait les sortir de là, il voulait les sortir de la pauvreté. En écrivant ce texte, j'ignore s'il savait ce que nous allions apprendre plus tard. Il est probable que oui. Dans l'année qui a suivi la mort de mon père, nous avons appris que mes grands-parents avaient été enterrés dans un lot qui ne leur appartenait pas. Un ami de mon grand-père, un vieux célibataire, avait offert à Fernande d'y faire inhumer Joseph.

Nous avons enterré l'urne en fin d'après-midi. J'ai lu un petit texte que mon père m'avait demandé de préparer pour son enterrement. J'ai enfoui la feuille avec la terre de la tombe de mes grands-parents.

Nous mangeons, mon frère Louis et moi, assis par terre sur le balcon du nouvel appartement de ma mère. La vue y est magnifique, on voit le Saguenay couler entre les deux rives escarpées du fjord. Je lui parle de cette lumière du nord, de sa luminosité, de sa blancheur, une lumière particulière que je n'ai jamais vue ailleurs. Dans un de mes livres, tout ce que je voulais, c'était parler de cette lumière, l'expliquer, la décrire. Je ne suis pas certaine d'y être arrivée. Sur ce balcon, nous baignons dans cette lumière. Il fait beau, on est en plein cœur de l'été. Nous avons passé l'avant-midi à préparer le lieu pour l'arrivée de ma mère. Mon frère est un homme bon, comme mon père, comme mes oncles. J'aime cette bonté. C'est une bonté qui submerge tout, qui teinte tout et qui adoucit la réalité. Il dit que ma mère sera bien ici, qu'il n'y a pas d'endroit au monde où elle pourrait être mieux : l'édifice est neuf, complètement adapté pour les personnes âgées avec un bouton panique dans toutes les pièces, des mains courantes dans tous les corridors et… Je n'écoute plus, je sais qu'il sera question de sécurité, de retour dans son vrai milieu, que le problème sera réglé. À Québec, elle ne connaissait personne, elle était trop vieille pour s'adapter. Ici, elle sera bien. Mon frère ne voit pas la petite fille terrée derrière le poêle à bois, effrayée à jamais. Mon frère a la foi. Je l'ai perdue il y a longtemps, à dix ans, dans un salon funéraire aux murs lambrissés.

Vers la fin de l'après-midi, mes nièces sont arrivées avec le camion de location. Nous déchargeons les affaires de ma mère, elle arrivera le lendemain, nous aurons le temps de placer les choses. Dans le corridor de la résidence, je rencontre Aline, une ancienne camarade de classe. Elle vient d'installer son père. Elle est obèse depuis l'enfance, elle porte une robe en tissu synthétique aux couleurs criardes. Elle a le cheveu rare, la sueur perle sur son front. Elle vient de perdre sa mère. Cela a beaucoup affecté son père. Il ne peut plus vivre seul.

Dans ma voiture, en rentrant au chalet, je repense à Aline, à sa mère que j'ai bien connue.

Aline dans sa robe de jersey affreuse. Aline, essoufflée, venant tous les soirs après son travail rendre visite à son père. Aline ayant du mal à s'extirper de sa voiture. Aline rendue vieille, déjà, à cinquante ans. Aline vieille, mais pareille, sage, soumise. Je pense qu'elle aurait dû partir.

Contre la graisse aussi, je ne crois qu'à l'exil.

La première nuit que ma mère a passé dans son appartement, je suis restée dormir avec elle. Je me suis installée dans le lazy-boy vert où elle passe ses journées. Vers quatre heures du matin, elle s'est levée et, visiblement, elle ne savait plus où elle était. Les deux dernières années, mon père et elle avaient déménagé plus de trois fois : une première fois de Chicoutimi à Québec, et ensuite dans deux résidences pour retraités. Elle en était donc à son quatrième logement. À quatre-vingts ans passés, c'était du délire. Chaque fois, elle réussissait à convaincre mon père qu'ils seraient mieux ailleurs. Évidemment, cela monopolisait mes frères et mes sœurs. En ce qui me concerne, je n'ai participé qu'au dernier déménagement. Ma mère, donc, s'est levée et a ouvert la porte de l'appartement. Je suis allée la chercher et l'ai ramenée à son lit. Elle avait le regard absent. Je l'ai recouchée et après, je n'ai pas réussi à me rendormir.

Le lendemain, elle ne se souvenait plus de s'être levée et nous sommes allées prendre le petit déjeuner à la salle à manger avec les autres résidents. Ma mère a une place assignée à la même table que le père d'Aline et un couple. En revenant, je lui propose de lui acheter tout ce qu'il faut pour prendre ses petits déjeuners dans son appartement. Elle pourrait manger tranquillement et faire sa toilette plus tard. Elle refuse. Je me suis engagée à passer deux jours avec elle, le temps qu'elle s'acclimate un peu. Plus tard, en soirée, je me suis rendue à l'épicerie. J'ai acheté ce qu'il me fallait pour mon petit déjeuner et un plat préparé pour mon lunch. Il est hors de question que je retourne m'attabler avec ma mère. Même vieille, même sans violence, elle n'est toujours pas adaptée à la vie en société. L'homme du couple avec qui elle est assise souffre d'un parkinson sévère. Elle n'a pas arrêté de le dévisager pendant tout le repas. Deux ou trois fois, je lui ai fait les gros yeux. Nous n'étions pas encore dans le corridor qu'elle a affirmé qu'on devrait le faire manger dans sa chambre. Il ne devrait pas manger en public. Cela n'avait pas de sens. J'ai pressé le pas. Il y avait un petit groupe derrière nous. Il y avait sûrement quelqu'un qui l'avait entendue. Dans l'appartement, je lui ai dit de faire attention. Elle a haussé les épaules en disant que de toute façon, ces vieux-là étaient tous sourds.

Dans l'après-midi, nous sommes sorties marcher dans le quartier. La résidence est près de l'église Sainte-Anne, l'église où ma mère s'est mariée, où j'ai été baptisée. La porte est ouverte. Ils sont en train de faire les préparatifs pour la fête de la sainte. C'est un lieu de pèlerinage important dans la région. Le 26 juillet, la paroisse est envahie par des centaines de pèlerins. Enfant, c'était le point culminant de mon été. Vêtue d'une robe neuve, faite pour l'occasion, je passais presque toute la journée à l'église à monter au jubé et à en descendre. C'est là que j'ai vu des Amérindiens pour la première fois de ma vie. Je devais avoir six ou sept ans. Ils se prosternaient devant les statues, embrassaient les pieds de Jésus sur la croix. Certains pleuraient, d'autres portaient des chapelets autour de leur cou. Je ne pouvais pas m'empêcher de les regarder, même si je savais que c'était impoli. Chaque année, je faisais invariablement la même prière. Je demandais à sainte Anne d'empêcher ma mère de se fâcher. Je demandais aussi qu'elle fasse plus de ménage dans la maison et qu'elle ne laisse pas tout traîner. Je priais aussi pour qu'elle ne passe pas tous ses après-midi couchée dans son lit. En contrepartie, je promettais de ne plus me toucher parfois le soir, parce que je savais que c'était péché. Péché dont je n'arrivais pas à me confesser vraiment, sauf en avouant avoir de mauvaises pensées. Je n'ai jamais réussi à tenir ma promesse.

Nous sommes entrées dans l'église et j'ai reconnu l'odeur. C'était la même que dans mon enfance. Un des techniciens nous a aperçues et nous a prévenues que l'église était fermée. J'ai dit que nous ne resterions que quelques minutes. J'ai pris le temps d'avancer dans l'allée et de regarder les tableaux et le chemin de croix. Les bancs sont encore numérotés. Autrefois, les familles plus aisées achetaient un banc. La grand-messe était comme un théâtre. Les jours de fête, les femmes plus fortunées arboraient de nouveaux chapeaux et paradaient jusqu'à leur place réservée. C'est comme ça que mon père a remarqué ma mère.

Nous avons continué notre promenade

dans le quartier et ma mère passait son temps à m'énumérer le nom des propriétaires des maisons. Elle les connaissait tous, elle avait enseigné au collège des garçons derrière l'église. Je lui ai fait remarquer que cela faisait plus de cinquante ans et que certaines propriétés avaient sûrement été vendues. Il était aussi probable que plusieurs de ces personnes étaient décédées. Elle a fait comme si elle ne m'avait pas entendue. Devant une magnifique maison bleue, elle m'a dit : « Ici c'est madame Simard. » Lorsque la réalité heurtait ma mère, elle l'ignorait. Elle l'avait toujours fait. Ma mère arrangeait le monde, le pliait à sa volonté. Dans la force de sa jeunesse, le monde lui obéissait. C'est ce qu'elle croyait. Nous étions si effrayés par ses colères que personne ne s'interposait, même pas mon père. « Pas un mot à ta mère. » Mon père tenait le monde et sa réalité à distance de ma mère. On ne peut pas toujours vivre sur les rives d'un volcan en éruption. Et ma mère était un volcan.

En rentrant de notre promenade, j'ai fini de ranger ses affaires. Il restait quelques boîtes à ouvrir. Dans l'une d'elles, je suis tombée sur le film du mariage de mes parents. Ma mère l'avait fait transférer sur une cassette vidéo. Je lui ai demandé si je pouvais le faire numériser. Elle pourrait le regarder sur son appareil. Elle m'a dit de le garder, elle ne voulait plus le voir. Lorsque je suis rentrée à Montréal à la fin août, c'est une des premières choses que j'ai faites. Je suis allée chercher le disque dès qu'il a été prêt. L'employée du magasin m'a dit que les images étaient un peu floues mais qu'ils avaient fait ce qu'ils pouvaient. Je suis rentrée tout de suite et j'ai mis le disque sur mon ordinateur. Ce n'est pas un film fait par un professionnel mais probablement par un des invités qui possédait une caméra. Mes parents avaient fait de très grosses noces, bien au-dessus des moyens de mon père : plus de cent invités, deux repas et une soirée. Sur la pellicule, deux tables d'honneur ; du côté de la famille de mon père, des gens timides qui baissent la tête devant la caméra et une sorte de retenue. La retenue des pauvres.

Au cours de la deuxième nuit que j'ai passée avec ma mère, elle s'est encore levée. Je me suis réveillée lorsqu'elle essayait d'ouvrir la porte de son appartement, que j'avais verrouillée. Elle avait encore ce regard absent. Je l'ai reconduite à sa chambre et je l'ai recouchée. Exactement comme je l'aurais fait avec un enfant. Je ne suis pas certaine qu'à ce moment-là, elle me reconnaissait. C'était comme si elle voulait s'échapper. Le lendemain, elle m'a affirmé ne se souvenir de rien. Je sais qu'elle a, par la suite, continué d'errer dans les corridors la nuit et que cela a suscité des commentaires de la part des autres résidents. Je l'ai laissée avant l'heure du souper. Je voulais revenir le plus tôt possible au chalet, m'asseoir dans la véranda avec un verre de vin, et reprendre mon souffle. Je me sentais vide. Mon père mort, il n'y avait plus de rempart à la folie de ma mère, plus rien pour la contenir, plus rien pour l'empêcher de la consumer complètement. Plus rien, non plus, pour endiguer ce livre. Plus rien, sauf l'exil, et je n'en avais plus l'âge, ni la force.

Au téléphone mon frère me répète : « La gériatre est formelle, notre mère est atteinte de l'alzheimer ou d'une démence qui s'y apparente, à son âge, le véritable diagnostic est difficile à faire. » Il poursuit en disant qu'il faudra qu'elle déménage, elle ne peut plus vivre dans son appartement. Il me dit que je vais être surprise par son état. Je raccroche le téléphone et je pense que le discours médical va remplacer celui de mon père. Je me rappelais la dernière fois que j'avais vu ma mère, cela remontait à la fin de l'été de l'année précédente. C'était lors des funérailles d'un frère de mon père. Elle était arrivée au salon funéraire vêtue d'une longue jupe grise, les cheveux ramenés en arrière et tenus par un élastique. Elle avait l'air d'une vieille femme pauvre. Je n'avais pas pu m'empêcher de penser que cet accoutrement n'était pas fortuit. Elle voulait faire pitié. Lors de la cérémonie funéraire, elle s'était mise à chahuter. Elle affirmait que tout cela était ridicule, que Dieu n'existait pas et que c'était juste des niaiseries. Mon frère et moi avions eu du mal à la faire taire. C'était comme si elle n'arrivait plus à se contenir. Sa folie débordait. Elle était complètement désorganisée et n'avait plus aucun contrôle sur elle-même. Lorsqu'elle chahutait, elle avait l'air d'une enfant désobéissante. Plus tard, dans le parking désert, j'ai pris le temps d'installer ma mère sur le siège du camion de mon frère. J'ai bouclé sa ceinture et refermé la portière. J'ai embrassé mon frère. Je savais que nous n'en reparlerions pas. Et c'est ce qui est arrivé.

Chambre 122

En marchant dans le corridor de la nouvelle résidence de ma mère, je me dis que cette fois-ci, c'est la dernière, on en aura fini de son errance. J'ignore qui je vais rencontrer dans la chambre 122. Je me souvenais de mes dernières séances dans les pièces aux lumières tamisées, j'avais fini en parlant de l'errance de ma mère. S'il n'y avait pas eu le Saguenay, les familles tissées serrées, mon père, un petit milieu, tout un univers social qui la protégeait, ma mère serait devenue une itinérante, mais même le mot, au Saguenay, n'existait pas. Ma mère a erré à travers ses dépressions, ses crises de panique, ses quarante années de psychotropes. Dans mon premier roman, une femme marchait dans une ville.

Ma mère est étendue sur son lit. Lorsqu'elle m'aperçoit, elle se lève et vient s'asseoir en face de moi. Son visage est défait. Je pense que la folie a envahi son corps en entier. Elle a un regard vague. Elle me dit qu'elle oublie tout, qu'il n'y a pas longtemps, elle a oublié le nom de ses enfants et que lorsqu'elle s'en est souvenu, elle les a inscrits sur une feuille de papier. Elle se lève, ouvre un tiroir, me dit : « Les enfants sont là. » Je regarde la feuille, mon nom et celui de mes frères et de mes sœurs sont inscrits par ordre de naissance dans la famille. Je lui demande si elle veut que je lui fasse un tableau avec nos photos, cela l'aiderait peut-être. Elle me répond non, et remet le papier en place. Elle me redit : « Les enfants sont là. » Elle me répète qu'elle oublie tout, qu'elle veut mourir. Je réponds que je ne peux pas la tuer, c'est interdit. Je suis désolée. Si cela était possible, je le ferais. Elle fixe ses yeux sur moi, elle a compris. Elle sait que ce ne sont pas des paroles en l'air. Je serais parfaitement capable de le faire.

Elle me raconte qu'elle va mal. Elle a une lourdeur là, elle me montre sa cage thoracique. Elle a vu le médecin, passé des examens. Ils ne trouvent rien. Mais elle a cette lourdeur, et cette douleur ne la quitte pas. Il y a au creux de son estomac tout le poids de sa vie compliquée. Cela ne se voit pas sur les radios. Nous restons un long moment sans parler, puis c'est l'heure du repas du midi. Ma mère se lève, enfile son tablier, prend sa marchette et sort dans le corridor. Elle a l'air d'un animal dressé.

En sortant de la résidence, je jette un regard, malgré moi, dans les chambres aux portes ouvertes : des vieillards assis à leur fenêtre. De ce côté, la vue donne sur un parking. Sur les portes, le nom des résidents et sur plusieurs, des images découpées dans des magazines : des fleurs, des petits oiseaux. Dans ma voiture, une sorte de nausée, je me mets à prier : mon père, Fernande. Faites qu'elle meure.

Mais ma mère ne meurt pas et je ne sais pas combien de temps cette agonie de l'esprit va durer. J'ai hâte qu'elle perde complètement la boule, au moins, elle va arrêter de demander la mort. J'ai écrit à un de mes amis : « Tout ça pour en arriver là... » Toute l'errance de ma mère, toute sa révolte, toute sa folie, pour finir dans cette chambre, incapable de se sauver, dos au mur, terrassée par l'angoisse.

Il y aura l'oubli.

L'oubli de la petite fille terrée derrière le poêle à bois.

L'oubli du chien borgne dans l'étable.

L'oubli de l'œil répandu dans le champ derrière la maison.

L'oubli de l'amour malheureux qu'elle portait à sa mère.

L'oubli de son corps emprisonné dans des grossesses qu'elle subissait.

L'oubli de l'injustice faite aux femmes de sa génération.

L'oubli de son désir d'être architecte.

L'oubli de la pauvreté dans laquelle elle a vécue avec mon père.

L'oubli de mon père couché sur son lit de mort et de sa demande de pardon. À son mariage, il ne lui avait pas dit qu'il s'était endetté pour faire enterrer son père.

L'oubli de l'amour et de la haine qu'elle nous portait à nous, ses enfants, incapable de faire autrement.

L'oubli de son incapacité à accepter sa vie.

Hantée par cette tragédie, je suis devenue écrivaine.

CRÉDITS ET REMERCIEMENTS

Les Éditions du Boréal remercient le Conseil des arts du Canada pour son soutien financier ainsi que le Fonds du livre du Canada (FLC).
Canadä

Les Éditions du Boréal sont inscrites au Programme d'aide aux entreprises du livre et de l'édition spécialisée de la SODEC et bénéficient du Programme de crédit d'impôt pour l'édition de livres du gouvernement du Québec.
Québec

Couverture : Ronald Fauteux, Sans titre

Ce livre a été imprimé sur du papier 50 % de fibres recyclées
postconsommation et 50 % de fibres certifiées FSC,
certifié ÉcoLogo et fabriqué dans une usine fonctionnant au biogaz.

MISE EN PAGES ET TYPOGRAPHIE :
LES ÉDITIONS DU BORÉAL

ACHEVÉ D'IMPRIMER EN SEPTEMBRE 2015
SUR LES PRESSES DE L'IMPRIMERIE GAUVIN
À GATINEAU (QUÉBEC).